1er Mai 1894 Le N° : 1 fr. 50

LES SALONS DE 1894

JOURNAL DES DÉBATS

17, Rue des Prêtres-St-Germain-l'Auxerrois

D.03249

Librairie HACHETTE et Cie, 79, Boulevard Saint-Germain, Paris.

MISE EN VENTE PAR LIVRAISONS

HISTOIRE ANCIENNE DES PEUPLES DE L'ORIENT

PAR G. MASPERO, MEMBRE DE L'INSTITUT

E travail de découverte a marché si vite depuis trente ans et plus, en Égypte, en Assyrie, en Chaldée, dans l'Asie Mineure, que nous avons dû oublier presque entièrement ce que les écrivains grecs ou romains nous racontaient de ces pays, et nous refaire, à l'aide des monuments, l'histoire de leur passé. M. Maspero s'était essayé, dès ses débuts, à traiter ce sujet difficile, et son *Histoire ancienne des peuples de l'Orient*, parue en 1875, est demeurée, d'édition en édition, un livre classique. Il n'a cessé, depuis lors, d'amasser des matériaux nouveaux et de revoir les anciens, pour en éliminer les parties incertaines ou mal venues : nous n'avons pas besoin de rappeler qu'il a eu l'heureuse chance de faire sortir de terre et de ressusciter pour ainsi dire, à Deîr-el-Baharî, plusieurs des personnages dont il raconte les hauts faits. L'histoire dont nous commençons la publication n'a guère de commun que le titre et le cadre général avec celle qu'il avait donnée, il y a bientôt vingt ans : c'est pour le reste une œuvre entièrement nouvelle et par le texte et par les illustrations qu'elle renferme.

L'illustration de l'ouvrage a été confiée à M. Boudier et à M. Faucher-Gudin, qui est habitué de longue date à travailler avec M. Maspero. L'auteur s'est efforcé de la marier si intimement au texte qu'elle n'en puisse être séparée : elle sert de commentaire visible au récit et fait passer sous les yeux du lecteur les sites, les monuments, les œuvres d'art, les personnages, les scènes de guerre ou de vie privée qui se succèdent de page en page. C'est la première fois que l'histoire de l'Orient ancien aura été présentée non seulement au public français, mais au public européen, avec cette abondance de détails et cette originalité de décor. Nous avons voulu que l'élégance de la forme correspondît à la solidité du fond et en corrigeât parfois l'étrangeté : c'est aux lecteurs, gens du monde ou savants, qu'il appartient de décider si nous avons réussi.

CONDITIONS ET MODE DE PUBLICATION

L'HISTOIRE ANCIENNE DES PEUPLES DE L'ORIENT *par M. Maspero formera environ 150 livraisons, soit 5 volumes in-8 du format de ce spécimen. Chaque livraison, composée de 16 pages illustrées de nombreuses gravures, sera vendue 50 centimes. Le prix est porté à 1 fr. 50 pour les quelques livraisons accompagnées d'une planche hors texte.*

Il paraîtra une livraison tous les samedis, en même temps que nos autres publications, à partir du samedi 5 Mai 1894.

HISTOIRE DE L'ART

PENDANT LA RENAISSANCE

Par EUGÈNE MÜNTZ, Membre de l'Institut

TOME III : ITALIE. — LA FIN DE LA RENAISSANCE

LE PUBLIC, en France et à l'Étranger, a fait un accueil trop favorable aux deux premiers volumes de l'*Histoire de l'Art pendant la Renaissance* pour ne pas saluer avec joie l'apparition du troisième volume, la *Fin de la Renaissance en Italie*. Si la publication en a été quelque peu différée, c'est que l'auteur aussi bien que les éditeurs n'ont rien voulu négliger pour le rendre digne de l'élite à laquelle il s'adresse.

Les progrès de la photogravure ont permis de serrer de plus près encore que par le passé la reproduction de tant de pages immortelles. L'auteur, de son côté, s'est appliqué à faire revivre non seulement cette phalange d'artistes éminents, mais encore le milieu dans lequel ils ont travaillé. Les portraits qu'il trace de tant de Mécènes fameux ajoutent une note singulièrement piquante à la biographie des maîtres et à la caractéristique des œuvres. Les évolutions politiques, religieuses et morales, tout comme le mouvement intellectuel de l'Italie pendant ce radieux automne, qui s'étend de la mort de Léon X à celle de Sixte-Quint, s'éclairent d'une lumière non moins vive. C'est à la fois une histoire de l'art et un livre d'histoire que l'auteur a entendu offrir à ses fidèles lecteurs.

MODE ET CONDITIONS DE LA PUBLICATION

L'*Histoire de l'Art pendant la Renaissance*, par M. EUGÈNE MÜNTZ, formera cinq volumes grand in-8, d'environ 800 pages chacun, contenant ensemble plus de 2500 gravures. Le tome troisième sera composé de 50 livraisons. Chaque livraison de 16 pages, protégée par une couverture, se vend 50 centimes. Ce prix est porté à 1 franc pour les livraisons accompagnées de planches tirées en phototypogravure polychrome.

Il paraît une livraison par semaine, le samedi, à partir de la fin de mai.

JOURNAL DES DÉBATS
POLITIQUES ET LITTÉRAIRES

LES

Salons de 1894

(Champs-Élysées et Champ de Mars)

PAR

LES ARTISTES EUX-MÊMES

BIBLIOTHÈQUE NATIONALE R.F.

PARIS
ADMINISTRATION DU JOURNAL DES DÉBATS
17, Rue des Prêtres-Saint-Germain-l'Auxerrois
Vente au numéro, 1, place du Louvre

Puvis de Chavannes. — Le Patriotisme (voussure pour l'Hôtel de Ville de Paris). — **C. de M.**

Devant représenter dans un plafond et quinze compartiments complémentaires la glorification de la Ville de Paris, j'ai choisi comme motif principal une scène pouvant se résumer ainsi :

La Ville de Paris couronnée par les lettres, les sciences et les arts, agrée l'hommage du chantre immortel qui l'a célébrée.

Victor Hugo, la main sur la lyre que tient un génie, la lui présente ; à sa suite apparaît un trio de figures volantes, symbolisant l'œuvre même de son œuvre : Poésie lyrique, Légende des Siècles ou roman, Drame, ou les Châtiments.

Sous le portique, un groupe d'éphèbes brandit des palmes, l'un d'eux tient l'étendard aux armes de Paris, un autre, le cartel avec cette inscription : Paris Ville Lumière, aux génies qui font sa gloire.

Les quinze compartiments qui doivent servir d'appui au sujet principal, ont pour titre :

Pour les quatre voussures { Foyer intellectuel / ardeur artistique / Charité / Patriotisme

Puvis de Chavannes. — La Charité (voussure pour l'Hôtel de Ville de Paris). — **C. de M.**

Pour les sept tympans { Esprit, Générosité, Fantaisie, Beauté, Culte du souvenir, Intrépidité, Urbanité

Restent à faire :
Deux voussures de moindre grandeur
représentant Paris Moyen Age et
Paris Moderne.
Plus deux compartiments :
Renommée
Industrie

P. Puvis de Chavannes

Phot. par Braun, Clément et Cie

BONNAT. — Le Triomphe de l'Art. — C.-E.

Cher ami, mon plafond représente « l'Art, monté sur Pégase, triomphe de l'Igno=rance et de la Barbarie ». Te rappelles tu les beaux vers de Hugo ?

« C'était le grand cheval de gloire,
« Né de la mer comme Astarté,
« A qui l'aurore donne à boire,
« Dans les urnes de la clarté.
. . . .

BIBLIOTHÈQUE NATIONALE R.F. EST.

Phot. Pierre Petit et fils

BONNAT DANS SON ATELIER.

« Tout génie, élevant sa coupe,
« Dressant sa torche au fond des cieux,
« Superbe, a passé sur la croupe
« De ce monstre mystérieux. ......

Est ce assez beau ces vers là!

Ah, si ma peinture avait la chance de les rappeler!

A toi de cœur

Ln Bonnat

On se met devant la nature, on l'aime, on vit un moment de son amour, mais on ne saurait rien en dire, pas plus qu'un amant ne saurait expliquer ce que vaut son amour.

J'ai mis devant moi un bon poète et un bon ami, Georges Clerc, et j'ai regardé sur son visage et dans ses yeux son âme que je connais bien : j'ai essayé de fixer sur ma toile, simplement et honnêtement ce que j'y voyais de beau dans la couleur et de bon dans la pensée ; si je l'ai pu, tant mieux : mais je ne le sais pas.

A. Axilette

AXILETTE. — Portrait de M. G. Clerc. — **C.-E.**

Parler de ce qu'on a fait me semble bien difficile, il faut laisser ce soin aux autres que cela n'embarrasse jamais.

A. Bartholomé

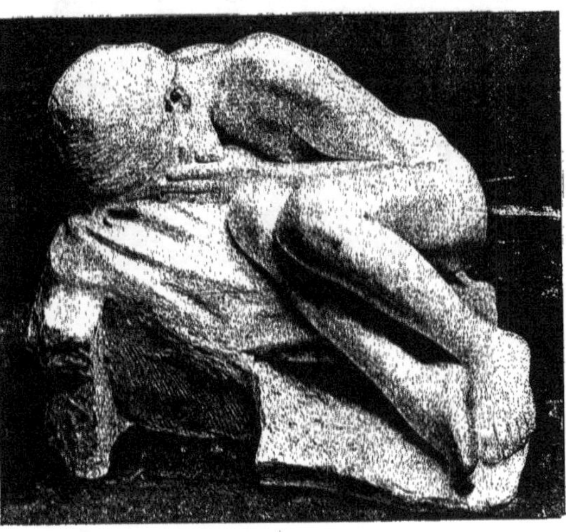

BARTHOLOMÉ. — Petite fille pleurant. **C. de M.**

BARRIAS. — Nubien défendant sa Famille. — C.-E.

Voici mon bas-relief pour le Museum de Mr Dutert. il sera fondu en bronze et représente un Nubien defendant sa famille

E. Barrias

BASCHET. — Portrait de Mme Louis L. — C.-E.

Je vous envoie la photographie que vous avez bien voulu me demander. — Elle ne rend pas bien le tableau et le tableau ne dit pas assez bien l'admirable beauté de Mme L. L.

Marcel Baschet

Le tableau que j'expose au Salon de cette année représente : Un uhlan blessé boit à une gourde que vient de lui passer un chasseur à cheval français. Ce dernier a mis pied à terre et sa monture attachée à un arbre se trouve voisine de celle du uhlan qui, après une course folle, est revenue fourbue, sur l'endroit où a eu lieu le combat.....

E. Berne-Bellecour

Paris 9 Avril 1894.

BERNE-BELLECOUR. — Un secours. — C.-E.

La fin de la Récolte.

Un homme ~~qui~~ bêche et découvre les pommes de terre, une femme les ramasse, en emplit son tablier et les porte dans une corbeille qui est près d'elle. Au ~~second~~ plan ~~[illegible]~~ deux femmes vident dans un sac leur corbeille pleine de pommes de terre. Plus loin des hommes chargent les sacs dans une charrette. C'est la fin du champ. Il ne reste plus que quelques plantes à enlever et l'on va partir.

Le soleil tombe et projette encore q.q. ombres violâtres à peine sensibles et rougit doucement ~~[illegible]~~ la plaine et les figures. Un nuage d'orage d'un ton rosé nage dans le ciel. Un feu pétille et fume à l'horizon.

Jules Breton

JULES BRETON. — La fin de la récolte; soleil couchant. — C.-E.

Jean Béraud. — Le Chemin de la Croix. — C. de M.

Le chemin de la croix –

Le Christ porte sa croix
il est frappé et bafoué
par la brutalité et par
le vice. À genoux, à la
droite du tableau des
personnages symbolisant
les vrais chrétiens
représentés en prière –

Jean Béraud

C'est à la fin du jour, en chassant sur les hauteurs qui dominent le lac de Butrinto, que j'ai fixé ce souvenir de la côte d'Albanie. Je garde la vision architecturale et grandiose de ce sauvage pays, l'émotion que m'a donné l'inoubliable spectacle de ses crépuscules et de ses nuits, et c'est bien vainement que j'essaie de rendre la sévère poésie de ses grandes lignes aux heures de silence et de recueillement.

René Billotte

BILLOTTE. — La Côte d'Albanic, le soir à Butrinto. — C. de M.

Les appartements modernes blanc et or, s'accommodant mal des toilettes sombres et tristes de nos contemporaines, j'essaye maintenant de composer des portraits décoratifs où l'allure de la femme d'aujourd'hui ne soit qu'accentuée par un ajustement dans le goût de naguère.

Jacques. E. Blanche

JACQUES BLANCHE. — Portrait. — C. de M.

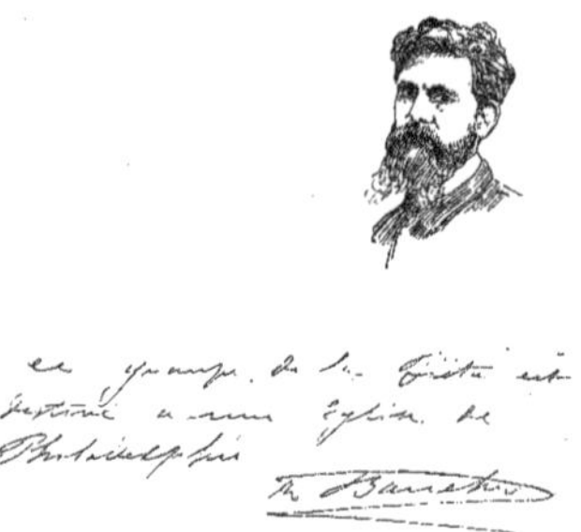

Ce groupe de la Piéta est destiné à une Église de Philadelphie

Barrias

Boucher. — La Pieta. — C.-E.

Brispot. — Le jour des pauvres. — C.-E.

Mon tableau "Le jour des Pauvres!" – Vieille comédie humaine qui aura encore bien des représentations et dont personne ne percevra jamais de droits d'Auteur, puisque tout le monde est auteur et acteur à la fois!

H. Brispot

Il est souvent fort difficile à un Artiste de raconter dans quelles conditions il a été amené à peindre tel ou tel tableau et ceci est le cas pour "La Perle" que vous désirez reproduire dans votre numéro spécial du Salon :

Une pose, qui m'a paru gracieuse, un effet de soleil, occasionné par l'ouverture de la coquille aux tons nacrés, m'ont séduit, et j'ai cherché à rendre sur cette toile le charme que j'ai cru entrevoir.

W. Bouguereau

Copyright 1894, by Braun, Clément et Cie

BOUGUEREAU. — La Perle. — C.-E.

« En faisant son ronron sur la main caressante de sa maîtresse, Minet nous prouve qu'il a pleine confiance dans le proverbe : A bon chat, bon Rat.

Carrier-Belleuse. — Ron-Ron. - **C. de M.**

Clairin. — Une fantasia au Maroc. — **C.-E.**

Quand on critique un grand tableau, on devrait commencer par ne pas oublier qu'il faut déjà avoir un certain talent pour faire un grand tableau même mauvais.

G. Clairin

CHARTRAN. — Saint François d'Assise chantant au labour. — C. E.

Saint François chantant au labour.

Le sujet de mon tableau m'a été inspiré par le remarquable Cantique au Soleil composé par le grand Saint d'Assise dans lequel il chante les splendeurs de la nature.

J'ai choisi le moment où François, sur les hauteurs du mont Alverna, dominant les belles vallées de l'Ombrie, chante ce passage en poussant la charrue :

« Laudato si, mi signore, per sora nostra matre terra
« la quale ne sustenta et governa
« et produce diversi fructi, con coloriti flori et herba »

Chartran

CHARPENTIER. — Les Hirondelles. — C.-E.

ANDRÉ BROUILLET. — Enivrement. — C.-E.

J'arrive d'Espagne grisé par Vélasquez et Rubens — C'est le moment où vous me demandez l'idée que mon tableau du Salon veut exprimer —
Je crains de m'être trompé en essayant comme tant d'autres en France de traduire une pensée d'ordre littéraire — Les maîtres que je viens de voir intimement ont trouvé moyen d'être autrement grands en étant autrement simples.
André Brouillet

BENJAMIN-CONSTANT. — Diamants noirs. — C.-E.

« Rien que pour les yeux j'aurais fait la tête »

Benjamin-Constant

Mon tableau représente un coin des forges de St-Jacques à Montluçon. Quelques ouvriers qui grouillent au milieu de la fumée, des coups de soleil tout à travers la grande pièce, et des flammes un peu partout. C'est une simple étude.

F. Cormon

CORMON. — Une Forge. — C.-E.

Sur la rive d'un beau lac un jeune homme nu, appuyé contre un arbre, contemple le soir au sommet des montagnes

Gus. Cl. Courtois

COURTOIS. — Rêverie. — C. de M.

DAGNAN-BOUVERET. — Portrait de Mme Bartet, de la Comédie-Française. — C. de M.

... je n'ai pu me résoudre à vous écrire
ce que vous m'avez demandé sur
le portrait de Madame Bartet.
Tout d'abord j'ai sincèrement
songé à le faire, puis cela m'a
paru quelque peu puéril, puis
prétentieux et quand j'ai senti
que cela ne pouvait qu'être ridicule
toute ma bonne volonté s'est
effondrée et je ne vous ai
rien envoyé.

PAJ. Dagnan-Bouveret

Copyright 1894, by Boussod, Valadon et Cie

DETAILLE. — Les Victimes du devoir. — C.-E.

GUIGNARD. — Le Troupeau à l'abreuvoir (le soir à 6 heures). — **C. de M.**

Le paysage avec des animaux est une source inépuisable pour le peintre, et peut être la source d'émotions artistiques les plus élevées.

Gaston Guignard

Vous me demandez ce que j'ai voulu faire en ce portrait triple.... En vérité, comme il est difficile de parler de soi-même, et comme on se connaît mal! J'aurais bien envie de vous dire tout simplement, comme dans Molière, ou presque :

Portrait!... c'est un portrait! L'espèce... c'est une dame avec ses deux enfants..............

De fait, je ne sais si j'ai atteint, même bien imparfaitement, le but que je m'étais proposé. J'ai essayé de faire à nouveau un portrait composé, où dans une façon de décor aimable et d'élégante vraisemblance, soit une femme du monde, une Parisienne spirituelle et fine, contente de se montrer parée, avec deux jolis enfants. J'ai pensé sans doute à cette charmante école du XVIIIme siècle, qui était restée longtemps la bonne tradition de notre pays, et j'ai fait de mon mieux, n'en doutez pas, trop heureux si j'ai pu rappeler, même de loin, ces portraits délicats et sages, de facture alerte et spirituelle, et si françaises, qu'ont signés mon père et mon grand'père.

G. Dubufe

DUBUFE. — Portrait de Mme P. avec ses enfants. — **C. de M.**

Assouplir la matière revêche la plier à mon désir, y pétrir ma pensée et de celle qui tue faire celle qui caresse .....

J. Dampt

DAMPT.
La fée Mélusine et le chevalier Raymondin. — C. de M.

Puisque vous voulez bien reproduire un de mes tableaux pour ma première exposition au Champ de Mars je vous prie de choisir la trompette de Dragons de la 1re république

H. Dupray

H. DUPRAY. — Trompette de Dragons en 1804. — C.-E.

C'est dans la vallée d'Arques
près de Dieppe que j'ai fait
ce tableau et essayé de rendre
la fraicheur et la verdoyante
richesse de notre belle
Normandie

Julien Dupré

JULIEN DUPRÉ. — Femme trayant sa vache. — C.-E.

Les Troyens à Carthage
(H. Berlioz)
Acte 1er scène 8
Ascagne offre à Didon le
voile d'Hélène et le sceptre
d'Ilione

H. Fantin-Latour

FANTIN-LATOUR. — Les Troyens à Carthage. — C.-E.

CAROLUS DURAN. — La Dernière heure du Christ. — C.-E.

La dernière heure du Christ (esquisse)

Sur un tertre, déjà perdu pour ceux qui l'aiment, le Christ regarde au loin, indifférent aux insultes des pharisiens.

La vierge évanouie dans les bras de St Jean, alors que la Madeleine se tapit contre le rocher, l'appelant en étendant les bras dans un geste de désespoir; les Stes femmes pleurent et la foule prise de terreur regagne Jérusalem, fuyant.

Le ciel s'obscurcit, roulant des nuages qui l'envahissent, pendant que des rayonnements du soleil zèbrent la campagne et éclairent d'une dernière lueur Jérusalem entrevue.

Carolus Duran

Le Tableau que j'envoie au Salon est une Vue de Cannes prise de l'Ile St Honorat. Au travers d'une lisière de Pins maritimes tourmentés par le Vent, on voit la mer, au fond Cannes et le grand rideau des Alpes maritimes dont les sommets sont couverts de neige.
Mon autre envoi est un bord de rivière près Plombières.

Français

FRANÇAIS. — Vue de Cannes, prise de l'île Saint-Honorat. — C.-E.

Cher monsieur
J'envoie au salon deux sculptures l'une est la statue de Meissonier, debout, en costume d'atelier, comme il s'est plu à se peindre lui-même dans une admirable petite peinture exposée à sa vente; le bronze en sera érigé à Poissy sur la place de l'Eglise, presque devant la maison du grand artiste.
L'autre sculpture représente un loup pris au piège et appartient à Monsieur de [illegible]

Tout à vous
E. Fremiet

FRÉMIET. — Meissonier. — C.-E.

Portrait de la Princesse de Chimay dans un costume du 1er Empire en satin blanc, une écharpe blanche enroulée autour du bras gauche passe derrière la taille retenue par la main droite.

Avril 1894 — Gandara

GANDARA.
Portrait de la Princesse de Chimay. — C.-M.

J'ai envoyé au Salon de cette année un buste de jeune fille : si c'était un tableau je pourrais peut-être, pour répondre aux désirs, vous en faire la description, mais on ne décrit pas un buste.

J. Gérome

GÉROME. — Buste de jeune fille. — C.-E.

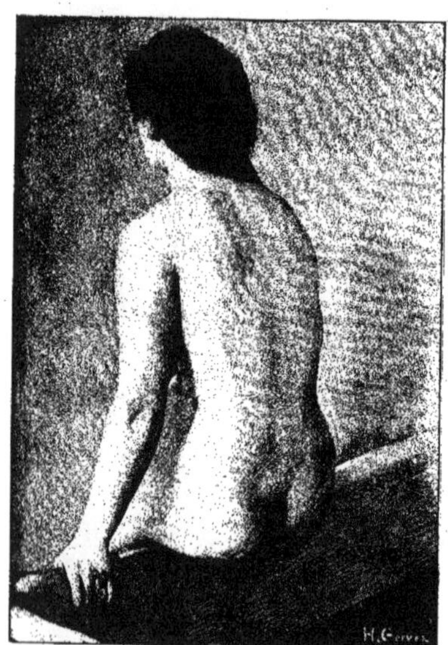

GERVEX. — Le bain. — C. de M.

Puisque vous voulez bien reproduire mon tableau de cette année représentant une femme au bain je suis très heureux de vous dire ce que je pense du nu en peinture.

Le public va, je sais, crier au réalisme, mais n'est-ce pas plus logique de montrer une femme dans son intérieur à sa toilette que de peindre des fausses Vénus dans un paysage fantaisiste trop souvent inspiré des tableaux Italiens ? C'est du déshabillé quelquefois inconvenant, mais c'est classique et cela sauve tout !

H. Gervex

DOUCET. — Portrait de M. Pelpel. — C.-E.

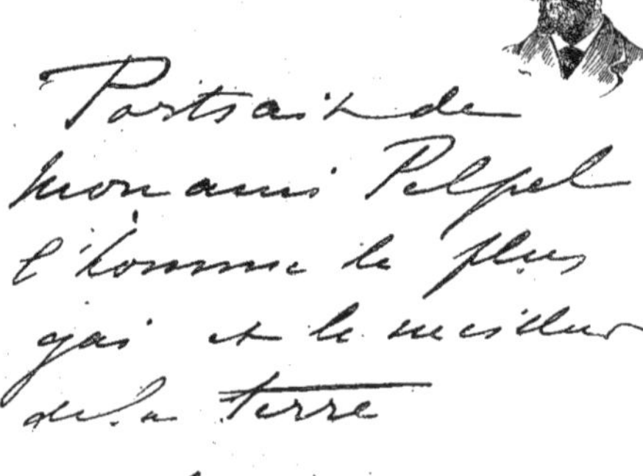

Portrait de mon ami Pelpel l'homme le plus gai et le meilleur de la terre

L. Doucet

« ... pour ce qui est du sujet de mon tableau c'est tout simplement le nom de la personne qui m'a posé pour cette étude, n'ayant point pu terminer le tableau que je destinais au Salon.

JJHenner »

Phot. par Braun, Clément et Cie

Henner. — Lola. — C.-E.

Gorguet. — Le Jardin des Hespérides. — C.-E.

Copyright 1894, by Braun, Clément et Cie

J.-P. LAURENS. — Le Pape et l'Empereur. — C.-E.

Voici, Monsieur, ma réponse.
C'est en lisant « Grandeur et servitude militaire » d'Alfred de Vigny, en 1840, que l'idée m'est venue du tableau que j'expose au salon de cette année. J'en fis, à cette époque, une esquisse à laquelle je n'ai, d'ailleurs, rien changé, sauf quelques détails peu conformes à la vérité historique. Le titre de mon tableau *le Pape et l'Empereur* en indique la signification et la portée.
Dans cette action dramatique j'ai essayé de montrer non-seulement les deux personnalités, Napoléon et Pie VII, mais encore les deux pouvoirs rivaux qui depuis tant de siècles se disputent le gouvernement du monde.
Au public de dire si j'ai réalisé mon œuvre telle que je l'ai conçue.

J. P. Laurens

Vous me demandez quelques lignes sur mon tableau (Les Lapins). Que vous dirai-je ? Que je l'ai fait sur nature au milieu de cette belle fraîcheur normande, que j'ai essayé d'y mettre un peu d'air et de lumière et, que c'est maintenant au public de juger si j'ai réussi, de votre vous connaissez ma devise "de mon mieux, advienne que pourra."

G. Laugée

LAUGÉE. — Les Lapins. — C.-E.

Les Réfractaires.

Un groupe de gens de l'Ouest paysans et citadins, emmenés par de la troupe — (1796)
Peinture fine à 3 couches très soignée — (garantie) .....

J. Le Blant

LE BLANT. — Les Réfractaires. — C.-E.

Madeleine Lemaire. — Derniers beaux jours. — C. de M.

Le tableau dont vous me demandez la description représente une grande allée de [illegible] au mois d'octobre avec le feuillage jauni. Le soleil est encore chaud. Il éclaire deux vieillards qui se promènent. C'est intitulé: Derniers Beaux jours.

Madeleine Lemaire

Lerolle. — Intérieur. — C. de M.

..Du reste, comme peintre, je montre quelquefois ma peinture au public — Mais n'étant pas écrivain et n'étant pas non plus... la belle Otero, je tiens à ne pas lui montrer mon style ni ma personne.

Henry Lerolle

Ovide raconte que Deucalion et Pyrrha, après que les eaux du déluge se furent retirées, reçurent de l'oracle l'ordre de repeupler la terre en jetant derrière eux des pierres qui se changèrent en hommes et en femmes ; c'est à ce moment, à cette première aurore du monde renouvelé que la fantaisie d'un auteur de l'anthologie grecque, dont le nom est inconnu, fait descendre des hauteurs de l'Olympe le chœur des Muses. Par elles l'intelligence et des sentiments s'éveillent dans le cœur de ces êtres élémentaires qui sortis de la pierre, rampaient comme des animaux sur le sol encore humide des eaux du déluge, et par elles, ils deviennent des humains.

Henri Lévy

HENRI LÉVY. — Deucalion et Pyrrha. — C.-E.

« Fin de la reine Brunehaut » : tout le monde sait ce qu'a été le supplice de cette femme et tout le monde, je l'espère, comprendra que cela ne représente pas une amazone du bois de Boulogne victime de son imprudence.

E. V. Luminais

LUMINAIS. — Fin de la reine Brunehaut. — C.-E.

MUNKACSY — Récit. — C.-E.

Le Récit

Intérieur Louis XIII, simplicité sévère avec hautes boiseries. Au milieu de la pièce une grande table autour de laquelle une jeune fille et deux hommes se groupent pour écouter le récit d'un jeune puritain, entré en chemin faisant.

Le tout éclairé par la grande fenêtre du fond donnant sur un bois ensoleillé.

Munkacsy

MARQUESTE. — Les Premiers Pas. - C.-E

Les premiers pas.

« L'homme sur qui s'appuie tout un peuple a besoin « de s'appuyer sur une femme » — a dit Victor Hugo

Et c'est cet « homme » que rêve cette mère en soutenant son enfant.

Il est faible, chancelant et craintif; et déjà, elle le voit courageux, hardi et fort.

Ce sont ses petits pieds et ses reins chétifs qu'elle soutient; mais c'est sa tête qu'elle veut haute et fière.

Ce n'est pas tant que les genoux de son héros défaillent et touchent la terre, qui est son souci.

C'est que son cœur, devenu droit et grand, ne fléchisse jamais.

L. Marqueste

Aimé Morot.
Portrait. — C.-E.

Les noirs puritains par les rues
Promenaient leur austérité
Inquiets de leur pureté,
Et de manières très bourrues

Henri Pille

Henri Pille. — Puritains et Cavaliers. — C.-E.

ALBERT MAIGNAN. — La Mission de Jeanne d'Arc. — C.-E.

La mission de Jeanne d'Arc
"La pucelle au château des Tournelles"
— Orléans 1429 — — Vitrail —

Si un artiste du XVe s. revenait parmi nous, tout en gardant son goût intime et son sens particulier des choses d'art, il s'exprimerait en français moderne et non pas dans la langue de Villon.

Je pense qu'un pastiche est une œuvre inférieure, une sorte de faux bibelot ; je suis trop amoureux des choses du passé pour en faire une copie stricte qui ne trompe personne et peu digne enfin d'un artiste sincère.

Albert Maignan

Vous me demandez quelques mots d'explication sur mon tableau du Salon de cette année ; il est bien délicat et bien périlleux. Un tableau doit parler par lui-même et l'effet qu'il produit est la résultante des efforts qui ont atteint le but. Mes recherches sont trop nouvelles, trop incomplètes pour que j'ose en parler, je craindrais d'être pédant ou présomptueux. D'ailleurs, ce serait bien long et bien pénible pour vos lecteurs d'entendre des réflexions sur le côté technique de la peinture. Je me réserve pour plus tard, si jamais j'arrive à être plus sûr de moi.

Tony Robert-Fleury

Phot. par Braun, Clément et Cie

TONY ROBERT-FLEURY. — Douce rêverie. — C.-E.

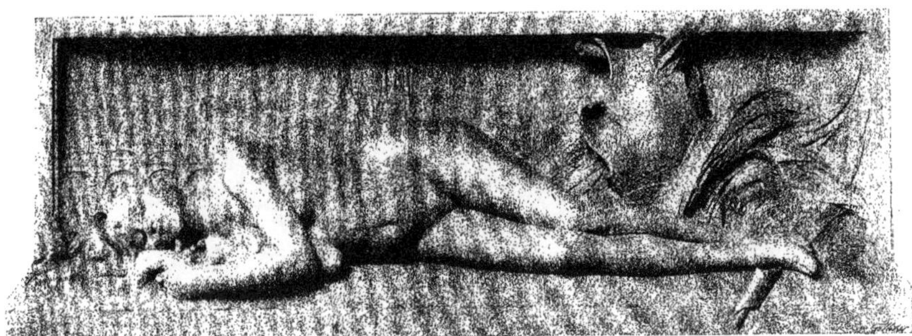

PUECH. — La Seine. — C.-E.

J'ai voulu, dans mon bas-relief de la Seine, moderniser la forme de cette allégorie, en introduisant dans le fond la silhouette de Paris. L'idée ainsi présentée me paraît plus nette et d'une compréhension plus facile.

J'aime l'allégorie comme le meilleur thème qui permette d'associer de belles idées à de belles formes.

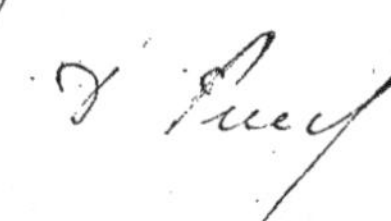

D. Puech

RAFFAËLLI. — The old Lady's garden. — C. de M.

Eaux-fortes et pointes-sèches imprimées en couleur.

Depuis quelques années le goût de la gravure en couleur nous est venu. Les procédés nouveaux y ont aidé. Nos journaux illustrés, nos livres de luxe paraissent ornés de gravures en couleur.

La gravure d'art ne demande qu'à suivre ce mouvement. Il fallait que le goût en vienne et le goût nous en est venu: les magnifiques estampes Japonaises y ont aidé beaucoup; aussi les aquateintes anglaises et les petits livres de Caldecott et de Kate Greenway.

Chez nous Manet fit son beau "Polichinelle", lithographie en couleur; Chéret a composé ses belles affiches; Mademoiselle Mary Cassatt des pointes-sèches en couleur vivement intéressantes.

J'expose cette année six eaux-fortes et pointes-sèches imprimées en couleur au Champ de Mars. — Elles sont pour la plupart imprimées à l'aide de cinq planches de cuivre gravées. Une planche imprime tous les bleus, une autre le rouge, une troisième les jaunes, enfin les deux autres, des raccords et le dessin noir.

Je souhaite que le goût public nous suive et qu'il nous soit ainsi permis de faire de belles images d'art.

J. F. Raffaëlli

ROLL. — Exode. — C. de M.

Je chercherais à conter sur la toile un peu des émotions que me donne la Nature et mon amour pour elle, et combien les souffrants, les malheureux me semblent devoir appeler la tendresse..........

Je crois que dessin et couleur ne sont que des outils, rien de plus; et que ceux qui s'en servent seulement pour faire des images bien propres, bien parfaites qu'on met dans de beaux cadres, et qu'on montre dans de belles vitrines, me semblent des philistins ignorants et grossiers. L'art n'est pas là; il était avec Rembrandt, le plus grand des poètes, mal compris aujourd'hui encore. Il était avec Millet, celui qui a su le mieux dire l'immense pitié que beaucoup avaient dans le cœur. Où est-il maintenant, cet art? Je sais qu'on le cherche encore en Italie, et que, chaque année, de jeunes hommes partent là-bas pour l'aller trouver. Je crois, quant à moi, qu'il vaudrait mieux le chercher bonnement en France, dans nos champs ou par les rues, et faire vivre les élèves des beaux-arts en plus intime communion avec leurs concitoyens.

Roll

Phot. par Braun, Clément et Cie

ROCHEGROSSE.

Le Chevalier aux Fleurs.

C.-E.

L'Idée du tableau a été suggérée par la scène des filles fleurs de Parsifal — Dans les jardins magiques de Klingsor les fleurs s'animent sous les pas de Parsifal, deviennent femmes cherchant à le retenir, et à lui faire oublier sa mission. Je n'ai voulu en aucune façon représenter exactement la scène de l'opéra de Wagner. J'ai négligé volontairement le décor avec le château magique de Klingsor, le costume de Parsifal, et tous autres détails se rapportant d'une façon trop absolue au drame de Parsifal. J'ai voulu généraliser et comme symboliser l'idée même de la scène. L'Être épris de l'Idéal, les yeux fixés vers son but marche à travers la vie presque sans s'apercevoir des tentations, sans entendre les voix qui l'appellent en dehors de sa route. C'est seulement à l'approche du héros, et par rapport à lui, que les Fleurs se personnifient et deviennent des formes tentatrices. Après son passage elles retombent à l'état impersonnel, et reprennent leur forme primitive.

G Rochegrosse

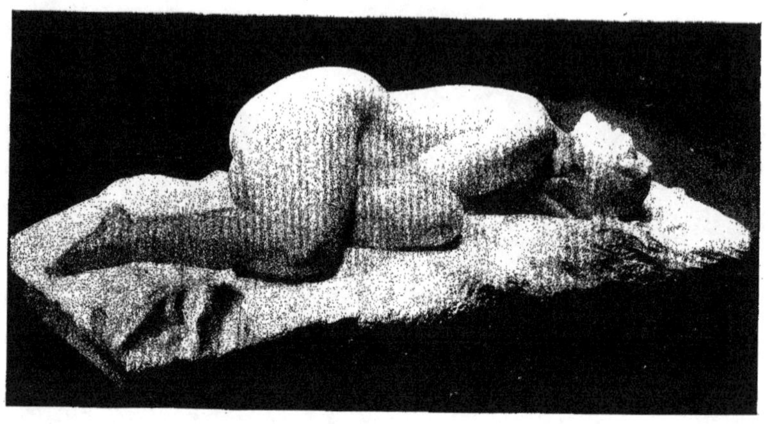

RENÉ DE SAINT-MARCEAUX. — La Faute. — C. de M.

La Faute.

Repliée sur elle même dans un mouvement de pudicité tardive, la tête enfouie dans les mains, les mains enfouies dans les blés et les fleurs qui lui servent de couche tous les membres complices de "La Faute" se pressant les uns les autres cherchant à fuir les regards — le tout semblable à la fleur qui se referme sous l'attouchement brutal — — —

R. de St Marceaux

Le chapeau sur la tête et gantée à l'air, la fillette descend l'escalier de son "home" pour sortir. Elle s'arrête un moment curieuse et son parrain, qui est pour le moment son peintre, en profite pour tâcher de faire son portrait....... « Maintenant allez jouer Mademoiselle ! »

E. Rosset-Granger

ROSSET-GRANGER. — Portrait de Mlle Mireille Dubufe. — C. de M.

"Foire" dans la province Dalarne (Suède), 1 octobre 1892

Zorn

ZORN. — Foire. — C. de M.

Phot. par Braun, Clément et Cie

WENCKER. — Nymphe chasseresse. — C.-E.

Le tableau devait représenter Diane. Je l'ai placé dans un paysage, au bord d'une fontaine, les cheveux défaits et flottant au vent. Le paysage y est, la fontaine aussi, mais la figure ne me représente pas suffisamment Diane, je l'intitule Nymphe chasseresse.

C. Wencker

SARGENT. — Portraits de M. et Mme Helleu. — C. de M.

L'Art décoratif au Salon

De même que la vieille Université n'avait que quatre facultés, l'ancienne école ne reconnaissait que quatre arts. Peinture, sculpture, gravure, architecture ; hors de ce cercle, les profanes.

Nous sommes aujourd'hui plus éclectiques, Dieu merci ! Et nous accordons droit de cité aux céramistes, ciseleurs, verriers, décorateurs.

Entre tous l'art décoratif existe : il a ses expositions, ses écoles officielles. En même temps que le sentiment artistique s'est développé dans le public, l'amour du luxe y a pénétré. Si nous aimons à habiter un hôtel aux lignes harmonieuses, nous voulons aussi que sa décoration intérieure soit conforme aux règles et au bon goût ; nous n'admettons ni les anachronismes ni les formes bâtardes.

Le décorateur doit avoir étudié et doit être artiste : nous devons le choisir avec autant de soin que notre peintre ou notre architecte. C'est grosse affaire que la Société des Artistes français a parfaitement comprise. Montesquieu constate que les grands hommes doivent beaucoup à leurs historiens ; j'entends dire de même que le Salon doit beaucoup à ses décorateurs. On sait que tous les ans les Magasins de la Place Clichy sont chargés de l'aménagement du Palais. Ils s'en acquittent avec beaucoup de goût, et certes ils doivent avoir des décorateurs de haute valeur pour arriver à semblable réussite. A l'Exposition d'Anvers, la section française semble n'être qu'une succursale de la Place Clichy : c'est à la Place Clichy qu'en nombre infini les exposants se sont adressés pour la décoration de leurs pavillons. Allez à l'Exposition du Livre, c'est encore la Place Clichy qui, en outre de sa très intéressante exposition, a décoré le bureau de la Direction, les locaux du Cercle de la Librairie, de l'Imprimerie générale, de la maison Charaire ; j'en passe et des meilleures.

Au théâtre, même rencontre : c'est encore la Place Clichy qui a aménagé le nouveau foyer de l'Ambigu, et la scène de l'Alcazar pour sa fameuse pantomime : je ne parle que des plus récents succès.

REPRODUCTION AU TRAIT D'UNE AQUARELLE DE GRASSET.

On sait universellement que cette maison a importé l'Orient en France ; il n'est pas une province de l'Asie Mineure, de la Perse ou du Caucase où elle n'ait un agent chargé de préparer ses achats. Quoi d'étonnant qu'elle se soit assuré l'exclusivité de la vente des tapis et broderies du Levant. Sa collection est unique au monde et le Palais de Yildiz lui-même n'en a pas qui l'égale.

Mais la Place Clichy ne s'est pas confinée dans les choses d'Orient : sa réputation est tout aussi solidement assise en ce qui touche l'ameublement de style et l'ameublement de genre. En Louis XV elle a eu des créations d'une pureté parfaite, et dans le goût japonais elle a produit de véritables merveilles.

Il ne suffit pas d'avoir l'exclusivité des décorations grandioses. Avec un goût aussi sûr la Place Clichy aménage les plus petits coins : le boudoir de Liane de Pougy, aux Folies-Bergère, est une exquise bonbonnière que bien des camarades, voire de très grandes dames, ont tenté de copier déjà.

Le monde artistique ne voit que par la Place Clichy. Un emballement ! Soit, mais il s'explique. Et la Place Clichy cependant n'abuse pas de cette situation pour faire payer sa signature. Avis aux nouveaux venus !

F. de Surville.

A. BELVALLETTE & CIE
A. BELVALLETTE & CIE
A. BELVALLETTE & CIE

21 — CHAMPS-ÉLYSÉES — 21

PARIS

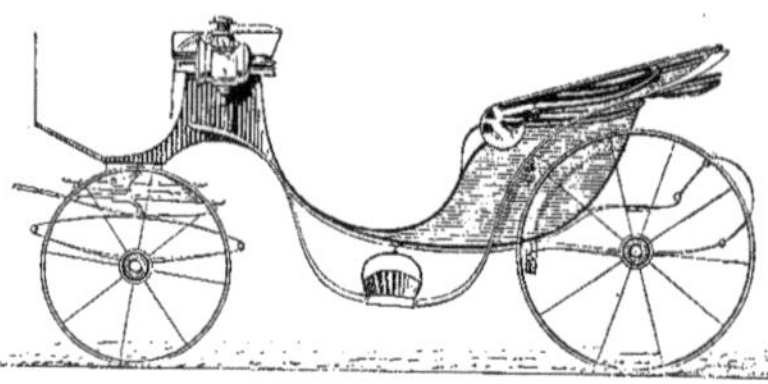

Mylord monté sur le nouveau ressort en C articulé, le plus normal de ce genre.

CATALOGUE FRANCO

ATELIERS DE CONSTRUCTION : 21, rue Duret

ANNUAIRE DES COMMERÇANTS

DE PARIS, SEINE, SEINE-ET-OISE, SEINE-ET-MARNE, OISE ET EURE-ET-LOIR

CONTENANT

les adresses des Commerçants, Industriels, Commissionnaires Officiers ministériels, Hôtels, Cafés, etc.

Et des renseignements généraux et indispensables sur chaque localité.

300,000 Adresses. — 32e édition.

Un fort volume de 2300 pages, relié

Prix : **5** francs

A. LAHURE, éditeur, 9, rue de Fleurus, PARIS

GUIDE DES CAISSES D'ÉPARGNE

ET DE LEURS DÉPOSANTS

par **Léopold ARNAUD**, Commis principal à la Direction de la Caisse Nationale d'Épargne (Contentieux), Ministère du Commerce, de l'Industrie et des Colonies.

DEUXIÈME édition revue, augmentée, mise au courant de la législation. Un volume in-8 de 280 pages, prix : 3 francs ; franco, 3 fr. 50.

A. LAHURE, éditeur, 9, rue de Fleurus, 9, PARIS

ÉDITION HEBDOMADAIRE

DU

JOURNAL DES DÉBATS

Seul, parmi les Journaux français, le JOURNAL DES DÉBATS publie une édition hebdomadaire spécialement destinée à l'Étranger. Cette édition qui paraît tous les samedis sous la forme d'un fascicule in-4° de 32 pages, résume les événements de la semaine et donne les informations les plus complètes sur ce qui s'est passé dans le monde de la politique, de la littérature, des arts et des sciences. Elle contient en outre les meilleurs articles parus dans nos éditions quotidiennes, la revue dramatique de M. Jules Lemaître, la revue musicale de M. Ernest Reyer, la revue scientifique de M. de Parville, les causeries artistiques de M. André Michel, et notre roman-feuilleton, etc. Elle se propose, en somme, de donner à côté d'études plus développées, le résumé le plus exact des événements quotidiens, que la plupart des lecteurs de l'étranger n'ont ni le loisir, ni souvent la possibilité de suivre au jour le jour.

Le prix de l'abonnement est pour tous les pays appartenant à l'Union postale, de 25 francs (une année) et de 13 francs (six mois).

17, rue des Prêtres-Saint-Germain-l'Auxerrois, 17, Paris.

LE JOURNAL DES DÉBATS

POLITIQUES ET LITTÉRAIRES

Direction, Administration et Publicité, 17, rue des Prêtres-St-Germain-l'Auxerrois

ON S'ABONNE : 1, PLACE DU LOUVRE

Le JOURNAL DES DÉBATS transformé publie chaque jour deux éditions, *l'une le matin* — **édition sur papier blanc** — et *l'autre le soir* — **édition sur papier rose.**

Ces deux éditions n'ont pas une ligne commune; il s'agit donc en réalité d'un journal donnant huit pages par jour de texte inédit, mais divisé en deux éditions pour communiquer les informations les plus récentes.

Puissamment organisé au point de vue de l'information, il tient le lecteur au courant des nouvelles du monde entier.

La rédaction du journal a été considérablement renforcée : le nom et la réputation de ses collaborateurs sont de sûrs garants de sa valeur littéraire.

Son programme politique reste le même que par le passé : *républicain* et *libéral*, indépendant des personnalités, n'ayant souci que des principes, il désire grouper autour de lui les hommes de bon sens et de bonne foi, et il compte sur leur appui pour résister aux violents et contribuer à cette œuvre de défense et de réparation sociales qui s'impose aujourd'hui à la conscience de tout bon citoyen.

Le JOURNAL DES DÉBATS traite les questions financières avec la même indépendance que les questions politiques : soucieux de veiller à la sécurité de l'épargne nationale, il se fait un devoir d'étudier, d'une manière approfondie et impartiale, les affaires qui peuvent solliciter l'attention de ses lecteurs, et le soin qu'il apporte à cette étude lui permet d'accepter la pleine responsabilité de ses appréciations.

PRINCIPAUX COLLABORATEURS :

RÉDACTION POLITIQUE, ÉCONOMIQUE, MILITAIRE ET MARITIME : MM. Léon Say, de l'Académie française; Paul Leroy-Beaulieu, de Molinari, de l'Institut; E. Aynard, Charles-Roux, Francis Charmes, députés; Joseph Chailley-Bert, Jules Dietz, Georges Hément, André Heurteau, Raymond Kœchlin, Masqueray, Georges Michel, Villars, Charles Malo, Emile Weyl, etc.

RÉDACTION LITTÉRAIRE ET SCIENTIFIQUE : MM. Alexandre Dumas, Gréard, Ludovic Halévy, Ernest Lavisse, Meilhac, E. Rousse, le vicomte Melchior de Vogüé et Brunetière, de l'Académie française; A. Bardoux, Philippe Berger, Émile Boutmy, Anatole Leroy-Beaulieu, Maspéro, Gaston Paris, Georges Perrot, Georges Picot, Arthur Raffalovich et E. Reyer, de l'Institut; le professeur Grancher et le docteur Daremberg, de l'Académie de médecine; Arvède Barine, Baguenault de Puchesse, René Bazin, Georges Berger, Ernest Bertin, Paul Bluysen, J. Bourdeau, Paul Bourget, H. Bousquet, de Caussade, Henri Chantavoine, James Darmesteter, Paul Deschanel, Paul Desjardins, René Doumic, Ducuing, Emile Faguet, Augustin Filon, Gebhart, Philippe Godet, André Hallays, Harry Alis, Marceline Hennequin, Henry Houssaye, Jalliffier, Adolphe Jullien, Jules Legras, Jules Lemaître, André Michel, Henri de Parville, A. Rambaud, Ch. Recolin, Edouard Rod, Maurice Spronck, Jacques du Tillet, Guy Tomel, Albert Vandal, D. Zolla, etc.

PRIX DE L'ABONNEMENT

	AUX DEUX ÉDITIONS				A UNE SEULE ÉDITION			
	I AN	6 MOIS	3 MOIS	I MOIS	I AN	6 MOIS	3 MOIS	I MOIS
Paris, départements, Alsace-Lorraine.	**72** fr.	**36** fr.	**18** fr.	**6** fr.	**40** fr.	**20** fr.	**10** fr. »	**3** fr. **50**
Union postale	**84** »	**42** »	**21** »	**7** »	**50** »	**25** »	**12 . 50**	**4 . 25**

Prix du Numéro : **10** centimes

RÉSUMÉ SOMMAIRE DE CHAQUE ÉDITION

ÉDITION BLANCHE

L'édition du Matin comprend notamment :

Un ou plusieurs articles politiques ;

Les dernières nouvelles de la nuit ;

Des nouvelles politiques, parlementaires, coloniales, militaires et maritimes ;

Les nouvelles quotidiennes sur la littérature, l'art, la curiosité, etc.

Le compte rendu détaillé des séances de la Chambre des Députés et du Sénat ;

Des dépêches et correspondances de l'étranger et des colonies françaises ;

Une revue de la presse ;

Des Lectures étrangeres ;

Des informations et nouvelles diverses très complètes ;

Des articles de variétés littéraires ;

Des extraits de livres nouveaux et d'articles de revues littéraires, scientifiques, artistiques, médicales, etc. ;

Des comptes rendus des séances des Académies et corps savants, cours et conférences ;

Un bulletin judiciaire ;

Un bulletin théâtral ;

Des nouvelles mondaines ;

Un bulletin du sport et des exercices physiques ;

Des informations financières, commerciales et maritimes très développées ;

UN ROMAN-FEUILLETON INÉDIT, etc., etc.

Une revue commerciale.

ÉDITION ROSE

paraissant à quatre heures et demie à Paris.

L'édition du Soir comporte notamment :

Un bulletin politique de l'intérieur et de l'étranger ;

Une chronique (Au jour le jour).

Des nouvelles politiques et parlementaires ;

Des dépêches et correspondances de l'étranger ;

Une revue de la presse ;

Des informations et nouvelles diverses très développées ;

Un bulletin judiciaire ;

Un bulletin théâtral.

Des renseignements commerciaux ;

Le Bulletin de la Bourse du jour ;

Une dernière heure très complète, donnant toutes les nouvelles parvenues au journal jusqu'au moment de l'impression ;

Un feuilleton quotidien, scientifique, artistique, ou littéraire, distribué de manière à passer en revue tout le mouvement intellectuel de la France et de l'étranger.

Ce feuilleton est consacré :

Un jour par semaine au théâtre (M. Jules Lemaître).

Un jour par semaine aux sciences (M. Henri de Parville).

Un jour par semaine à la littérature étrangère (Mme Arvède Barine, MM. A. Filon, E. Gebhart, A. Rambaud).

Les autres jours : à la critique musicale (M. E. Reyer et A. Jullien) ; à l'histoire (MM. Vandal, Jalliffier, Maspéro, Anatole Leroy-Beaulieu, etc.) ; à la critique artistique (M. André Michel) ; à une revue du mouvement social (M. Chailley-Bert) ; à une revue militaire (M. Charles Malo) ; à une revue agricole (M. D. Zolla) ; à la vie en province (M. René Bazin) ; à des études littéraires, morales et philosophiques (MM. de Vogüé, E. Faguet, H. Chantavoine, Ernest Bertin, H. Haussaye, J. Bourdeau, etc.).

L'ÉDITION DU SOIR comprend en outre un Roman-Feuilleton autre que celui paru dans le numéro du matin et qui est le plus souvent une traduction ou une adaptation d'un roman étranger.

On trouve dans le numéro du **Dimanche Soir** une revue du marché financier et *une revue de la mode.*

28927. — Imprimerie Lahure, rue de Fleurus, 9, à Paris

EST.

Exposition Universelle — Paris, 1889 — MÉDAILLE D'OR

Hors Concours — Membre des Comités et du Jury — DIPLOMES D'HONNEUR

PARIS — LONDRES — VIENNE — BARCELONE — MOSCOU — CHICAGO

CARRÉ FILS AINÉ & CIE

Ingénieurs-Constructeurs de l'État, de la Ville de Paris et des Chemins de fer

PARIS — 127, Quai d'Orsay, 127 — PARIS

ÉLÉVATIONS & DISTRIBUTIONS D'EAU

Par l'air comprimé (Invention française). Breveté S. G. D. G. Système CARRÉ, pour distribuer en pression

L'EAU DES PUITS — CITERNES — RIVIÈRES — SOURCES, ETC.

Nombreuses applications faites dans les Châteaux et Maisons de Campagne

ARROSAGE en pression des PARCS, JARDINS, POTAGERS

LE SYSTÈME CARRÉ SUPPRIME LES RÉSERVOIRS EN ÉLÉVATION

et donne l'Eau à la même température Hiver comme Été

Eau pluviale

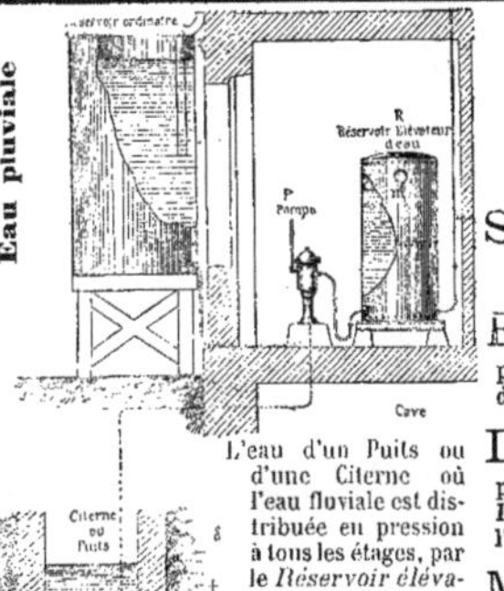

L'eau d'un Puits ou d'une Citerne où l'eau fluviale est distribuée en pression à tous les étages, par le *Réservoir élévateur.*

Le Réservoir-Élévateur

(Breveté S. G. D. G., système CARRÉ)

Voir GÉNIE CIVIL, 12 Mars 1892

Supprine : Les Réservoirs en élévation

S'installe en sous-sol ou sur sol.

Evite : Gelée, Chaleur, Contamination, Dépenses de points d'appui, Surcharges et Débordements.

Donne : L'eau en pression à tous les étages et pour service d'arrosage, Hygiène, Incendie, Ascenseur et Tout à l'Egout.

Marche : A Bras, à Manège ou Moteur quelconque.

Installation DU **RÉSERVOIR ÉLÉVATEUR** BREVETÉ Système Carré AVEC MOTEUR à Gaz a Pétrole ou à Vapeur POUR Châteaux, Usines, Exploitations agricoles

SERVICES D'INCENDIES, D'ASCENSEURS

ARROSAGE ET JEUX D'EAU

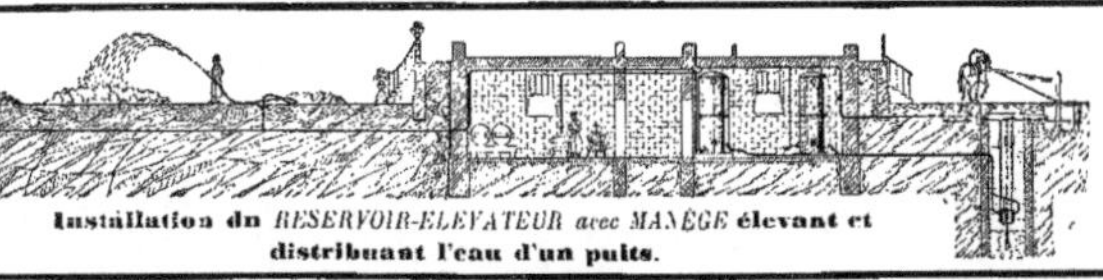

Installation du *RÉSERVOIR-ÉLÉVATEUR* **avec** *MANÈGE* **élevant et distribuant l'eau d'un puits.**

Type d'installation d'eau à la Campagne

AVEC LE RÉSERVOIR-ÉLÉVATEUR A MANÈGE INSTALLÉ EN SOUS-SOL

Pour arrosage en pression des Parcs et Jardins, Potagers et Serres, Lavage des voitures, Douchage des chevaux et pour donner l'eau en pression aux divers étages dans les Châteaux et Maisons de Campagne.

FILTRAGE ET STERILISATION DES EAUX

Eau pure froide et chaude

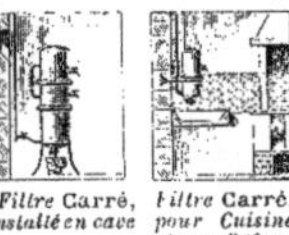

Filtre Carré, installé en cave — *Filtre Carré, pour Cuisine et pour Office.*

Système CARRÉ — Brevetés S. G. D. G.

Les Filtres CARRÉ donnent l'eau pure et aérée. Ils sont imputrescibles et se nettoient seuls par une chasse d'eau filtrée.

TRAVAUX SPÉCIAUX EN CIMENTS

Avec ou sans ossature métallique

Pour Usines, Ateliers et décoration de Parcs et Jardins

DALLAGE, MASSIFS DE MACHINES

PLANCHERS, CITERNES

RÉSERVOIRS — CANALISATIONS

PIÈCES D'EAU — RIVIÈRES ANGLAISES

INSTALLATIONS ET TRAVAUX GARANTIS

6,000 Installations du Système CARRÉ *fonctionnent pour l'État, la Ville de Paris, les chemins de fer, hospices, collèges, exploitations agricoles, usines, Crédit Lyonnais, Maison de Nanterre (M. Bechmann, ingénieur), Bibliothèque Nationale (M. Pascal, architecte.)*

ENVOI FRANCO DEVIS ET ALBUM SUR DEMANDE

GRAND DÉPOT

E. BOURGEOIS

21 et 23, Rue Drouot, Paris

PORCELAINES, FAIENCES ET CRISTAUX

SERVICES DE TABLE
MODÈLE SAIDA VERT RUSSE
PATE IVOIRE

SPÉCIALITÉS DU GRAND DÉPOT

- VASES D'ORNEMENT
- JARDINIÈRES
- CACHE-POTS
- PIEDS BOIS NOIR
- ORFÈVRERIE
- COUTELLERIE
- COUVERTS
- SERVICES DE TABLE
- SERVICES DE TOILETTE
- SERVICES A CAFÉ
- SERVICES A THÉ
- SERVICES A LIQUEURS
- VERRES D'EAU
- CAVES A LIQUEURS
- CRISTAUX

Service de Table 12 couverts, 74 pièces . . . . 35 francs | Service à Dessert 12 couverts, 42 pièces . . . . 20 francs

Emballage : Table 4 francs. Dessert 2 francs.

OUVERTURE d'un nouveau rayon de Meubles de Toilette-Lavabos

LE CATALOGUE EST ENVOYÉ FRANCO SUR DEMANDE

Maison ALFRED ORLHAC, 91, rue Saint-Lazare, PARIS

AMEUBLEMENTS, TAPISSERIES, BRONZES D'ART

Spécialité de Meubles Louis XVI acajou et cuivre. — Récompenses aux Expositions de Paris. Exposition permanente de meubles de style et bronzes d'art

Visiter les Grands Magasins de M. Alfred ORLHAC, 91, rue Saint-Lazare. Spécialité de meubles Louis XVI; acajou et cuivre; belle exposition de bronzes d'art

CHAMBRE A COUCHER LOUIS XV (Voir le détail dans l'article ci-dessous).

UN APPARTEMENT COMPLET POUR 3750 fr.

M. Alfred Orlhac a eu la bonne inspiration d'établir un budget d'appartement complet, renseignement très utile pour les personnes qui désirent s'installer ou pour les jeunes mariés. Voici donc cet appartement que M. Orlhac s'engage à livrer en 15 ou 20 jours pour le prix à forfait de 3750 fr.

1° **Une chambre à coucher Louis XV** en noyer ciré, frisé, sculpté, composée de : Une armoire à deux portes à glaces bisautées, un lit à trois faces avec sommier, une table de nuit, deux chaises Louis XV, un fauteuil bois recouvert et un bout de pieds formant chaise longue, une fenêtre en Titien ou étoffe fantaisie avec passementeries assorties; un décor de même genre pour le fond de lit et le dessus de lit ;

2° **Une salle à manger** composée de : Un buffet à quatre portes ciré teinté, ceinture à moulures, une table à doubles colonnettes et à allonges avec piètement se divisant, six chaises en cuir de Venise avec dessins à choisir, enfin une bande de tapisserie de style formant encadrement à la fenêtre avec passementeries et doublures.

3° **Un meuble de salon Louis XVI** à couronne avec sculptures rehaussées à la poudre d'or et composé de : Un canapé deux places, deux fauteuils, deux chaises et deux petites chaises légères (le tout couvert en étoffe de soie), une table Louis XVI et une fenêtre avec rideaux à l'italienne, draperies et chutes passementeries assorties.

www.ingramcontent.com/pod-product-compliance
Ingram Content Group UK Ltd.
Pitfield, Milton Keynes, MK11 3LW, UK
UKHW021517260726
13993UKWH00004B/1729